Para el sol y para el agua.

For the sun and the rain.

5

EL PARAGUAS

20

EL PAJARO

Tú me traes a puros brincos,

como pájaro en la rama.

You have me hopping here and there,

like a bird on a branch.

Con los cantos de sirena, no te vayas a marear.

Don't get dizzy with the songs of the mermaid.

6

LA SIRENA

7

LA ESCALERA

Súbeme paso a pasito, no quieras pegar brinquitos.

Climb me step by step. You don't want to hop up.

Camarón que se duerme,

se lo lleva la corriente.

The shrimp that falls asleep

is carried away by the water's current.

30

EL CAMARON

23

LA LUNA

El farol de enamorados.

The lamp of lovers.

El que a buen árbol se arrima,

buena sombra le cobija.

He who nears a good tree,

good shade blankets him.

EL ARBOL

41

LA ROSA

Rosita, Rosaura, ven que te quiero ahora.

Rosita, Rosaura, come here, I want you now.

Para el sol y para el agua.

For the sun and the rain.

5

EL PARAGUAS

20

EL PAJARO

Tú me traes a puros brincos,

como pájaro en la rama.

You have me hopping here and there,

like a bird on a branch.

Con los cantos de sirena, no te vayas a marear.

Don't get dizzy with the songs of the mermaid.

LA SIRENA

7

LA ESCALERA

Súbeme paso a pasito, no quieras pegar brinquitos.

Climb me step by step. You don't want to hop up.

Camarón que se duerme,

se lo lleva la corriente.

The shrimp that falls asleep

is carried away by the water's current.

30

EL CAMARON

23

LA LUNA

El farol de enamorados.

The lamp of lovers.

El que a buen árbol se arrima,

buena sombra le cobija.

He who nears a good tree,

good shade blankets him.

10

EL ARBOL

41

LA ROSA

Rosita, Rosaura, ven que te quiero ahora.

Rosita, Rosaura, come here, I want you now.

Para el sol y para el agua.

For the sun and the rain.

5

EL PARAGUAS

20

EL PAJARO

Tú me traes a puros brincos,

como pájaro en la rama.

You have me hopping here and there,

like a bird on a branch.

Con los cantos de sirena, no te vayas a marear.

Don't get dizzy with the songs of the mermaid.

LA SIRENA

7 LA ESCALERA

Súbeme paso a pasito, no quieras pegar brinquitos.

Climb me step by step. You don't want to hop up.

Camarón que se duerme,

se lo lleva la corriente.

The shrimp that falls asleep

is carried away by the water's current.

30

EL CAMARON

23

LA LUNA

El farol de enamorados.

The lamp of lovers.

El que a buen árbol se arrima,

buena sombra le cobija.

He who nears a good tree,

good shade blankets him.

10

EL ARBOL

41

LA ROSA

Rosita, Rosaura, ven que te quiero ahora.

Rosita, Rosaura, come here, I want you now.

Para el sol y para el agua.

For the sun and the rain.

5

EL PARAGUAS

20

EL PAJARO

Tú me traes a puros brincos,

como pájaro en la rama.

You have me hopping here and there,

like a bird on a branch.

Con los cantos de sirena, no te vayas a marear.

Don't get dizzy with the songs of the mermaid.

6

LA SIRENA

7

LA ESCALERA

Súbeme paso a pasito, no quieras pegar brinquitos.

Climb me step by step. You don't want to hop up.

Camarón que se duerme,

se lo lleva la corriente.

The shrimp that falls asleep

is carried away by the water's current.

30

EL CAMARON

23

LA LUNA

El farol de enamorados.

The lamp of lovers.

El que a buen árbol se arrima,

buena sombra le cobija.

He who nears a good tree,

good shade blankets him.

EL ARBOL

41

LA ROSA

Rosita, Rosaura, ven que te quiero ahora.

Rosita, Rosaura, come here, I want you now.

Para el sol y para el agua.

For the sun and the rain.

5

EL PARAGUAS

20

EL PAJARO

Tú me traes a puros brincos,

como pájaro en la rama.

You have me hopping here and there,

like a bird on a branch.

Con los cantos de sirena, no te vayas a marear.

Don't get dizzy with the songs of the mermaid.

6

LA SIRENA

LA ESCALERA

Súbeme paso a pasito, no quieras pegar brinquitos.

Climb me step by step. You don't want to hop up.

Camarón que se duerme,

se lo lleva la corriente.

The shrimp that falls asleep

is carried away by the water's current.

EL CAMARON

23

LA LUNA

El farol de enamorados.

The lamp of lovers.

El que a buen árbol se arrima,

buena sombra le cobija.

He who nears a good tree,

good shade blankets him.

10

EL ARBOL

41

LA ROSA

Rosita, Rosaura, ven que te quiero ahora.

Rosita, Rosaura, come here, I want you now.

Para el sol y para el agua.

For the sun and the rain.

5

EL PARAGUAS

20

EL PAJARO

Tú me traes a puros brincos,

como pájaro en la rama.

You have me hopping here and there,

like a bird on a branch.

Con los cantos de sirena, no te vayas a marear.

Don't get dizzy with the songs of the mermaid.

6

LA SIRENA

7

LA ESCALERA

Súbeme paso a pasito, no quieras pegar brinquitos.

Climb me step by step. You don't want to hop up.

Camarón que se duerme,

se lo lleva la corriente.

The shrimp that falls asleep

is carried away by the water's current.

30

EL CAMARON

23

LA LUNA

El farol de enamorados.

The lamp of lovers.

El que a buen árbol se arrima,

buena sombra le cobija.

He who nears a good tree,

good shade blankets him.

10 **EL ARBOL**

41

LA ROSA

Rosita, Rosaura, ven que te quiero ahora.

Rosita, Rosaura, come here, I want you now.

Para el sol y para el agua.

For the sun and the rain.

5

EL PARAGUAS

20

EL PAJARO

Tú me traes a puros brincos,

como pájaro en la rama.

You have me hopping here and there,

like a bird on a branch.

Con los cantos de sirena, no te vayas a marear.

Don't get dizzy with the songs of the mermaid.

6

LA SIRENA

7

LA ESCALERA

Súbeme paso a pasito, no quieras pegar brinquitos.

Climb me step by step. You don't want to hop up.

Camarón que se duerme,

se lo lleva la corriente.

The shrimp that falls asleep

is carried away by the water's current.

30

EL CAMARON

El farol de enamorados.

The lamp of lovers.

El que a buen árbol se arrima,

buena sombra le cobija.

He who nears a good tree,

good shade blankets him.

EL ARBOL

LA ROSA

Rosita, Rosaura, ven que te quiero ahora.

Rosita, Rosaura, come here, I want you now.

Para el sol y para el agua.

For the sun and the rain.

5

EL PARAGUAS

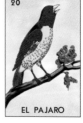

20

EL PAJARO

Tú me traes a puros brincos,

como pájaro en la rama.

You have me hopping here and there,

like a bird on a branch.

Con los cantos de sirena, no te vayas a marear.

Don't get dizzy with the songs of the mermaid.

6

LA SIRENA

LA ESCALERA

Súbeme paso a pasito, no quieras pegar brinquitos.

Climb me step by step. You don't want to hop up.

Camarón que se duerme,

se lo lleva la corriente.

The shrimp that falls asleep

is carried away by the water's current.

EL CAMARON

23

LA LUNA

El farol de enamorados.

The lamp of lovers.

El que a buen árbol se arrima,

buena sombra le cobija.

He who nears a good tree,

good shade blankets him.

10

EL ARBOL

41

LA ROSA

Rosita, Rosaura, ven que te quiero ahora.

Rosita, Rosaura, come here, I want you now.

Para el sol y para el agua.

For the sun and the rain.

5

EL PARAGUAS

EL PAJARO

Tú me traes a puros brincos,

como pájaro en la rama.

You have me hopping here and there,

like a bird on a branch.

Con los cantos de sirena, no te vayas a marear.

Don't get dizzy with the songs of the mermaid.

6

LA SIRENA

7

LA ESCALERA

Súbeme paso a pasito, no quieras pegar brinquitos.

Climb me step by step. You don't want to hop up.

Camarón que se duerme,

se lo lleva la corriente.

The shrimp that falls asleep

is carried away by the water's current.

30

EL CAMARON

23

LA LUNA

El farol de enamorados.

The lamp of lovers.

El que a buen árbol se arrima,

buena sombra le cobija.

He who nears a good tree,

good shade blankets him.

10

EL ARBOL

41

LA ROSA

Rosita, Rosaura, ven que te quiero ahora.

Rosita, Rosaura, come here, I want you now.

Para el sol y para el agua.

For the sun and the rain.

EL PARAGUAS

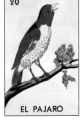

20

EL PAJARO

Tú me traes a puros brincos,

como pájaro en la rama.

You have me hopping here and there,

like a bird on a branch.

Con los cantos de sirena, no te vayas a marear.

Don't get dizzy with the songs of the mermaid.

6

LA SIRENA

7

LA ESCALERA

Súbeme paso a pasito, no quieras pegar brinquitos.

Climb me step by step. You don't want to hop up.

Camarón que se duerme,

se lo lleva la corriente.

The shrimp that falls asleep

is carried away by the water's current.

EL CAMARON

23

LA LUNA

El farol de enamorados.

The lamp of lovers.

El que a buen árbol se arrima,

buena sombra le cobija.

He who nears a good tree,

good shade blankets him.

10

EL ARBOL

41

LA ROSA

Rosita, Rosaura, ven que te quiero ahora.

Rosita, Rosaura, come here, I want you now.

Para el sol y para el agua.

For the sun and the rain.

5

EL PARAGUAS

20

EL PAJARO

Tú me traes a puros brincos,

como pájaro en la rama.

You have me hopping here and there,

like a bird on a branch.

Con los cantos de sirena, no te vayas a marear.

Don't get dizzy with the songs of the mermaid.

6

LA SIRENA

LA ESCALERA

Súbeme paso a pasito, no quieras pegar brinquitos.

Climb me step by step. You don't want to hop up.

Camarón que se duerme,

se lo lleva la corriente.

The shrimp that falls asleep

is carried away by the water's current.

EL CAMARON

23

LA LUNA

El farol de enamorados.

The lamp of lovers.

El que a buen árbol se arrima,

buena sombra le cobija.

He who nears a good tree,

good shade blankets him.

EL ARBOL

41

LA ROSA

Rosita, Rosaura, ven que te quiero ahora.

Rosita, Rosaura, come here, I want you now.

Para el sol y para el agua.

For the sun and the rain.

5

EL PARAGUAS

20

EL PAJARO

Tú me traes a puros brincos,

como pájaro en la rama.

You have me hopping here and there,

like a bird on a branch.

Con los cantos de sirena, no te vayas a marear.

Don't get dizzy with the songs of the mermaid.

LA SIRENA

7

LA ESCALERA

Súbeme paso a pasito, no quieras pegar brinquitos.

Climb me step by step. You don't want to hop up.

Camarón que se duerme,

se lo lleva la corriente.

The shrimp that falls asleep

is carried away by the water's current.

30

EL CAMARON